Helga Schulz Blank

AF234716

Akkumulierte Jugend

Bibliografische Information
der Deutschen Nationalbibliothek:
Die Deutsche Nationalbibliothek verzeichnet diese Publikati-
on in der Deutschen Nationalbibliografie; detaillierte biblio-
grafische Daten sind im Internet über dnb.dnb.de abrufbar.

© 2018 Helga Schulz Blank
Fotos: Helga Schulz Blank
Satz und Layout: Martina Sylvia Khamphasith
Herstellung und Verlag:
BoD- Books on Demand, Norderstedt
ISBN 978-3-752869-97-2

Juventud Acumulada –
Akkumulierte Jugend

Diese Wörter stachen mir vor einigen Jahren in Mexiko ins Auge – sie standen an einem Geschäft – einer Begegnungsstätte für ältere Menschen. In Mexiko gibt es viele Einrichtungen für Personen im „3. Lebensabschnitt" – so nennen sie ihre älteren Menschen.

Nach der Pflege meiner dementen Mutter in unserem Haus fing ich an, das Erlebte aufzuschreiben.

Zuerst versuchte ich es in Form von Prosa, fand dann durch das Studium Generale an der Universität Stuttgart Gefallen an Gedichten, besonders an Haiku, Tanka und Haiga.

Meine Familie – ganz besonders meine drei Mädchen – Monica, Sabine und Christine – haben mir bei der Betreuung der Mutter, ihrer Großmutter, sehr geholfen. Alfredo, mein Mann, hat sofort zugestimmt, sie bei uns im Haus aufzunehmen, sie zu pflegen. Meine Mutter lebte in Berlin allein in einer Wohnung. Mein Bruder war fast täglich bei ihr, ihm fiel ihr Verfall lange nicht auf. Es schien, als ob sich die Demenz innerhalb kürzester Zeit entwickelt hatte, was sicher nicht so war. Ich bemerkte bei meinen Telefonaten mit der Mutter auch kaum etwas.

Die Aufnahme der Oma bei uns war für meine Kinder ein Schock, den sie aber schnell überwanden. Sie fanden sich schnell in der neuen Rolle als „Omasitter" zurecht. Meine Mutter war „unser Kind", wir wuschen sie, zogen sie an, bereiteten das Essen – vor allem passten wir auf sie auf. Zum Glück hatte sie keine Weglauftendenz – sie wusste sehr genau, dass sie nichts wusste – konnte sich weder Adresse noch Telefonnummer merken. Sie war sehr dankbar für die Pflege. Sehr schwer war für meine Mädchen die Tatsache, dass sie sich nur den Namen von Monica merken konnte, die beiden anderen nicht. Alle drei haben im Rahmen ihrer Möglichkeiten und ihres Alters hervorragende Arbeit geleistet, ich bin sehr stolz auf sie.

Meine Mutter verstarb 2004 nach sechs Jahren Pflege.

Heute habe ich vier Enkelkinder – Monica hat einen Jungen und ein Mädchen. Sabine hat zwei Jungen. Christine ist noch kinderlos.

Ich helfe meinen Mädchen bei der Betreuung ihrer Kinder. Ich hoffe, dass ich noch lange fit und gesund bleibe, um die Entwicklung meiner wunderbaren Enkel aktiv begleiten zu können.

Haiku

Haiku sind japanische Kurzgedichte. Ihre Form ist einfach: 5 Silben, 7 Silben, 5 Silben. Heute werden Haiku im westlichen Sprachraum in Anlehnung an diese Grundstruktur fast immer dreizeilig mit etwa 10 bis 17 Silben geschrieben. Das Haiku kennt keine Überschrift und keinen Reim.

Für mich ist das Haiku Gesehenes, Erlebtes, Momente und Gefühle festzuhalten, zu verarbeiten. Ich gehe mit wachen Sinnen durch die Natur und die Stadt.

Haiku sind Augenöffner, sie lenken unsere Aufmerksamkeit auf Dinge, denen wir vielleicht wenig Beachtung geschenkt haben.

Haiga

Haiga sind ein Stil der japanischen Malerei zu Beginn des 17. Jahrhunderts.

Hinzugekommen ist eine kreative Vielfalt aufgrund moderner Techniken, Fotografie, Digitalbilder usw.

Die Kalligrafie-Komponente ist zudem durch die digitalen Möglichkeiten um viele Varianten bereichert worden: So bleibt sie manchmal als Geltungsmittel fast komplett unberücksichtigt (das Haiku wird als reiner Text unter das Bild gesetzt) oder aber sie entwickelt und erzielt durch Farbe, Schriftart, Größe und Aufteilung innerhalb des Bildes eine zusätzliche Aussagekraft.

Haiga ist per Definition eine Kombination aus visuellen und verbalen Elementen, die zusammen wirken, um als Ganzes eine ästhetische Erfahrung zu schaffen, die jedes Element für sich genommen nicht erreichen kann.

Tanka

Das Tanka (= kurzes Lied) ist eine reimlose japanische Gedichtform, die zumeist aus fünf Segmenten zu 5-7-5-7-7 Moren (heute bei uns 5-7-5-7-7 Silben) besteht. Um das Jahr 760 zuerst aufgetreten ist das Tanka die älteste noch in Gebrauch befindliche Gedichtform. Für das klassische japanische Tanka wird auch der Begriff Waka verwendet.

Sie ist älter als das Haiku, das sich aus dem Tanka entwickelte. Ein Tanka beschwört den Augenblick, hält ihn fest mit Präzision und Musikalität.

Obwohl sich das Tanka über die Jahrhunderte weiterentwickelte, behielt es die 31 Moren.

„Jeder will alt werden,
aber keiner will es sein."
  Martin Held

„Altwerden ist nichts für Feiglinge".
  Joachim Fuchsberger

Meine Gedanken und Beobachtungen zum Thema
Alter und Jugend in Form von Haiku – Tanka –
Haiga und Gedichten

warmer Januar
sie heben ihre Röckchen
wie die Schneeglöckchen

Föhn im Montafon
ein Zitronenfalter
über der Skipiste

Winternacht
im Schein der Laterne
singt die Amsel laut

ohne Orientierung
im dichten Schneetreiben
Kirche ist offen

Schneeschuhwandern
mein Hund versinkt – zu flach
mein Abdruck

erster Schnee
auf Opas Fußmatte
rodeln die Enkel

meterhoch der Schnee
kopfüber stürzt der Enkel
Opa fasst sein Bein

eisglatt der Weg
die Enkelin zieht Opa
auf dem Schlitten

laut klopft es
auf meiner Metallleiter
der Specht

Märzenbecher
voll erblüht – erste
Biene verschwindet

Ostersonntag
Schokoeier im Garten
angeknabbert

Flieder am Kurhaus
sie blühen auf
beim langsamen Walzer

unter dem Auspuff
tanzen Kirschbaumblüten
in den Mai

seine Schleppe
zieht er durch den Mist
der Pfau des Bauern

Schnecken am Wegrand
Kinder dirigieren sie
zur Startlinie

die Lindenallee
verströmt süßen Duft
meine Augen tränen

eine alte Frau
sitzt im Butterblumengras
zählt die Pfandflaschen

sie zupft Gold
junge Löwenzahnblüten
ihr Mittagessen

Kinder im Garten
suchen ihren Schatz
vierblättrigen Klee

Honigbienen
saugen im goldgelben Gras
sie hantiert mit Gift

Spatzen spazieren
suchen mit den Studenten
Sinn

Hasen im Park
rasen über Herr und Hund
die ihr „Gras" suchen

Magnolien blühen
jedes Frühjahr neu – Oma
steckt im Herbst fest

gelber Blütenstaub
Opas Auto gewaschen
Enkel lernt fluchen

Buschwindröschen
auf totem Holz in dem
Larven rackern

an der Tankstelle
über einer Zapfsäule
brüten Schwalben

sein Jagdhund rennt
apportiert brav den Ball
Herrchen sitzt und raucht

die alte Hündin
hört nicht, fällt ins Torfmoor
ihr Herrchen versinkt

die Mutter hetzt
der Kaffee kippt, ihr Kleinkind
brüllt – nur vor Schreck

das Pärchen joggt
Pulsuhren kontrollieren
ihren Herzschlag

die Walkingstöcke
klackern laut – Eichhörnchen
verstecken sich

Sonnenuntergang
die faltige Hand zittert
hält sich am Gras fest

Vergissmeinnicht
auf dem Grab der Eltern
der Wind hat gesät

die alte Dame
beansprucht die Parkbank – war
schon immer ihr Platz

Kolonialwaren
ihr Sammelsurium
nicht aus Übersee

Oma streichelt
die weiche Kunstrobbe
kann wieder reden

die Nachbarhunde
bellen, fletschen die Zähne
die Herrchen giften

im Agavenschnaps
Schmetterlingslarven
Kinder laden zur Probe

die Heimchen singen
das Baby im Korb schläft ein
ohne den Schnuller

nur ein paar Pesos
knusprige Heuschrecken
verpackt in Tüten

knorriger Weinstock
beladen
reif die süße Frucht

der Therapiehund
beißt den Dackel vom Nachbarn
Herrchen schaut aufs Phone

Kinder streiten
um ihr Legoschiff
Opa rudert

im Schwimmbad
die Enkel tauchen, suchen
Opa findet den Ring

Stakkato

sein Wortwasserfall

Großmutter tauft
ihre Enkel
täglich neu

Sommerabend
Oma sucht ihre Jacke
im Kühlschrank

seit Stunden wandert
Opa durch seinem Garten
fünf auf fünf Meter

Oma will nach Haus
heut hat ihr Enkel Dienst
bringt sie zu Bett

am Sarg von Vater

Geplapper und Geschrei

er trauert

23

Morgenrot, sie schaut
zwischen ihren Bettgittern
auf die Gardine

ihr Kater alt, blind
beide suchen
die Toilette

unter dem Kirschbaum
liegen wir im Blütenmeer
im Ohr die Wellen

ich glühe wie der
Sonnenball im Meer
versinke in dir

verschwunden

ihr Wolkenkuckucksheim

taucht nicht auf

25

Strand in Nizza
auf verblassten Liegen
lederne Damen

Abendrot am Meer
Pärchen in ihren Autos
lieben ihr Smartphone

der Atlantik wild
Schiffspassagiere pokern
verspielen die Fahrt

Sturm am Bodensee
alte Fischer mischen
ihre Karten

rote Rosen
fliegen aus dem fünften Stock
vor seine Füße

im Hochglanzprospekt
blühende Gärten
vor mir Brachland

Altweibersommer
auf der Seepromenade
funkeln Geschmeide

alte Rennfahrer
am Lago Maggiore
ein Toupet fliegt

Vollmond
das Paar öffnet die Dose
mit Liebesweihrauch

Spaziergang bei Sturm
sie versteht ihn nicht
sein Antrag fliegt fort

das Leben ist kurz
esst zuerst die Nachspeise
die Enkel
Nachspeise des Lebens
kommen leider nach dem Hauptgang

Straßenfest
Nachbarn essen gemeinsam
sehen sich an
teilen den Wein – vielleicht
auch bald ihr Werkzeug

Frühsommer
Wasserfontänen spritzen
im Park Nackedeis
er sitzt unter der Brücke
auf seinem Hab und Gut

nackte Füßchen
himmelwärts – am Boden
stecken Wespen
in süßen Pflaumen
sie weichen nicht

Kastanien im Sand
der kleine Junge wäscht sie
in einer Pfütze
sie verwandeln sich – werden
Äpfel, Birnen, Kirschen

der Schreinermeister
unterschreibt den Lehrvertrag
Mohammed zittert
der Stift fällt zu Boden
er trocknet die Augen

Mutter läuft täglich
ihren Marathon
in meinem Wohnzimmer
das Preisgeld
ein Trollinger

über dem Fried Wald
rosa Kondenzstreifenkreuz
Trauergesellschaft
lauscht den Trompetenklängen
die Witwe lächelt und winkt

erst zieht der Hund
sein Haar schon grau
dann der Mann gebückt
die Schnauze am Boden
sie winseln, zetern fast gleich

das Paar wirft
den Möwen Futter zu –
sich Beschuldigungen

der Junge angelt
bewegungslos neben ihm
seine Katze

die Muschel am Ohr
Oma hört den „bösen Sturm"
genau wie damals

Buenos Aires
das Kreuzfahrtschiff legt an
ein Koch tanzt Tango

Sonnenuntergang
Kreuzfahrtpassagiere joggen
zwischen Stühlen

Kreuzfahrer
erobern das Land
knipsen wild

der Ball rollt ins Aus
drei Generationen kicken
Opa gewinnt

ihr Bruder plant
sucht den Kampf und Waffen
sie schreit, rennt weg

Legoland
die „Ninjas" kämpfen, schießen
der Drache fliegt
heut dürfen die Jungen
wilde Krieger sein

auf dem Spielplatz
viele Jungs schießen – zum Glück
nur Styropor

Jungen rasen
scheuchen Enten im See
stoppen abrupt
die Mädchen kreischen – scheinbar
erschrocken, warteten sie

viele kleine Jungs
kaum aus den Windeln
wollen kämpfen
überall sehen sie Waffen
und Gegner

viele Mädchen
backen lieber Sandkuchen
feudeln ihr Haus
kratzen nur dann und wann
mit scharfen Krallen

Krieger wollen
viele Jungen sein
schnitzen Schwerter
schlagen den Baum
heut weint der Gegner

angelegt, vererbt
erlernt ?
sie und ihre Muskeln
suchen
noch den Weg

Lego Batman
fliegt vom Turm
der Enkel träumt

die Eisprinzessin
weint in ihrem Palast
die Enkelin auch

Spielzeuggeschäft
halb rosa, halb blau
für sie sortiert

Ostermorgen
Kirschblüten Schneematsch – Enkel
im Pyjama

Ostereisuche
Opa rennt ins Haus, Enkel
sehen den Hasen

ihr Arm liegt im Sand
Kinder ziehen – jeder will
nur diese Puppe

Weihnachtseinkäufe
Jingle Bells
rieselt aus Lautsprechern
Kassen öffnen
sekundenschnell

Jingle Bells klingelt
die Münder der Kassen
öffnen im Takt

Heiliger Abend
heut reden die Enkel
mit Opa

Heiliger Vormittag
sie kehren heim
treffen, sehnen, suchen sich
plaudern mit Glühwein
jagen schnell noch Geschenke

Weihnachten
in der Speisekammer
feiern die Mäuse

Weihnachtsgans
die Enkelin schiebt ihr Bein
heimlich zum Hund

Feiertage
Paare entkommen sich nicht
könnten neu mischen

Weihnachtsschnäppchen
nur für Nackedeis
ohne Kleider
rangeln, prügeln sie sich
um Flachbildfernseher

Sadtbibliothek
seit dem Morgen schlummert er
vor dem Atlas
klirrend kalt
der Heilige Vormittag

in der U-Bahn
pellt sie die Banane
süßer Duft
eine Minute lang
dann Glühwein – Bier zurück

auf dem Weihnachtsmarkt
wehen Zimt – Nelkenfahnen
über altem Fett
Jingle Bells klingelt
Santa Claus den Weg frei

Silvesternacht
punkt zwölf – er rennt hinaus
zündet die Kracher
seine Frau im Haus
streichelt den Hund

vorbei die Tage
die kaum welche waren
zwischen den Jahren
zusammen, getrennt
meist verloren

neues Jahr
allmähliche Entgiftung
allein zur Kur

Neujahrsmorgen
ihr Spiegelbild verknittert
heut die neue Creme

im Sandkasten
gruben sie ihr Fundament
mauerten stabil
was lange hielt – der alte
Freund riss alles ein

Nepturn stürzt

mit der Nixe ab

der grüne Stein staunt

46

unser grüner Stein

damals
in deinem Garten
wir pflanzen einen Baum

tief unten
finden wir
den grünen Stein

in meine
kleine Hand
legst du unseren Schatz

jahrelang
beschwert er
meine Zettel

mahnt
nicht gehalten
mein Versprechen

heut
leg ich unseren grünen Stein
in deine kalte Hand

die Suche

wo bist du?
komm schnell
wir wollen spielen

Mama redet so gelehrt
alles sei bedauernswert
nie mehr werden wir spazieren

sicher schaffst du im Garten
schneidest die Bäume
gräbst Beete um

ich renne, komme
helfe dir
suche meinen Spaten

wo bist du?

Erinnerungen

auf Wäscheklammern zwischen

Tür und Fenster

immer sonntags

schwer das Molton
auf der dicken Eiche
glatt das weiße Leinen
über gedrechselten Beinen

der Lüster schwebt
Bleikristall aus Böhmen
Tropfen, Kugeln winken
aus ihrem Silberkorsett

Vergissmeinnicht bleich
wir Kinder wibbeln, wollen
die Tanten tratschen
Opa und Onkel paffen

Oma behängt uns Lätzchen
alle beten, Mägen grummeln
die Suppe dampft
Om schöpft, teilt aus

Opa schlürft laut, kleckert,
schlabbert, spritzt
Fett auf seinen Schlips
Oma grollt, scheppert
rollt bizarr die Wörter

wir trommeln, trällern
ohne Gardinenpredigt
obzwar die Tanten lauern

Opa und Onkel lachen still
in ihre Stofftaschentücher
warten auf Cocgnac, Zigarre
Kaffee, wir auf den Kuchen

die alte Blechdose

fast hundert Jahre
liegen einige im Büfett von Oma

kleine, große, dicke, dünne
viele Farben, Formen

abgetrennt, aufgehoben
gut verwahrt in ihrer Schachtel

die Kleider zerschlissen
aus der Mode

Oma liebte das Blaue
mit dem weißen Kragen

immer wieder schütten
wir die Knöpfe aus

suchen nach der Zeit

Rückwärtsgang

ihr Vormund lässt sie nicht fallen
erwirkt einen Gerichtsbeschluss

das Bettgitter kommt, ihr Gehege
eingezäunt das kleine Reich

ihre Augen starr nach oben, sie sieht
nicht die Spinne auf der weißen Decke

der Pfleger hat die Uhr im Blick
wechselt schnell die Windel

pflastert behutsam die Wunde
schüttelt das Kissen, beendet den Dienst

stempelt, rutscht aus
seine Vertretung rennt hinterher

böses Erwachen

er traf ihn im Bett
friedlich schlummernd
plötzlich
der Schlag
aus, vorbei,
sein Gehirn
getroffen, entzwei
sein Gehäuse
intakt
man versucht
ihn zu retten

die Rechnung

seine Herzklappe wackelt
undicht ihr Verschluss

er schnaubt, prustet, bläst
warme Luft an sein Genick

Sambarasseltöne im Stethoskop
der Pferdedoktor trippelt auf der Stelle

wischt das weiche Fell
krallt sich am Arbeitskittel fest

Einmalspritzen suchen Lösungen
Muskeln tanzen

suchen den richtigen Takt
finden nur Interwallschaltungen

Alarm im Stall, überall Äpfel
keine Überbrückung

Operation – Lebensverlängerung
Kosten – kein Masterplan

die Herbstzeitlose

erkennt Mutter

uns nicht

56

Veränderung

seltsam hölzern bewegst du deinen Körper
noch gehorcht er mühelos, jedoch seltsam

Lächeln liegt auf deinem Gesicht
ein starres versteinertes Lächeln

unsicher schweifen deine Augen umher
du fühlst die Zuspitzung, bist unsicher

Fragen auf deiner Zunge zerfallen, zerstückeln
finden nicht zueinander, es entstehen neue Fragen

Namen sind aus deinem Kopf entschwunden
wo hast du sie abgelegt – die Namen

Wörter, nur noch leere Hülsen
du füllst sie mit falschen Wörtern

im Haus ist die geliebte Kommode leer
verteilt ihr Inhalt überall im Haus

ratlos suchst du deine Kinder
sie verstehen noch nicht, sind ratlos

wir ärgern uns nicht

Mutter schreibt Zettel
legt die Brille ins Eisfach
verknotet Tücher

ihre Kinder
verzweifelt, wehmütig
suchen Lösungen

eine nimmt Mutter
ihre drei Kinder murren
aus dem Trott gebracht

diese Großmutter
behält nicht ihre Namen
tauft sie täglich neu

Omas Lieblingsspruch:
„Herrgott, hör, es ist genug!"
ertönt halbstündlich

mit dem Rollator
läuft sie ständig Marathon
durch das Wohnzimmer

Löcher im Speicher
das Heute rutscht durch
sie lebt im Gestern

ihre Gedanken
kreisen um Essen und
sie streichelt den Hund

draußen andächtig
rupft sie Unkraut – nicht Rosen
kennt Vergissmeinnicht

wandert rast – ziellos
vor dem verschlossenen Tor
„Hilfe, wo bin ich?"

die Enkelinnen
im Alltag angekommen
spielen mit Oma

Waldspaziergang

im Wald darf er frei laufen – mein Hund
rennen, jagen – was er nicht mehr kann
Spuren suchen, schnüffeln – geht noch
das Eichhörnchen – er sieht nichts
früher – gejagt, getrieben hätte er es
wie die Amseln, Rehe, Füchse und vor allem
Mäuse – Unmengen habe ich zu Grabe getragen

heute geniesse ich den Wald
betrachte Pflanzen, sammle Pilze
zähle Ringe im Stamm
suche Kobolde und Feen
frage sie nach dem Weg

Coco überlegt

rennt zum Gebüsch

frisst das alte Brot

Coco

trottet hinter mir her
ich blicke zurück
schwarze Knopfaugen
sehen mich an

dann verschwindet sie
im Gebüsch
ich schimpfe
sie verschlingt das alte Brot

63

blaue Stunde am Tempelhofer Feld

der alte Fuchs dreht ab – verschlossen das Feld
entschwunden das Licht – der Friedhof offen
dort rangeln Raben – streiten um die Wurst
im leeren Grab Kartons – ein alter Mann schnarcht

ein Telefon klingelt – niemand nimmt ab
Jogger rennen – ihre Uhren verpassen keinen
Herzschlag
ein Vater schiebt sein dick verpacktes Kind – kalt
und feucht der Nebel
er schlürft Tee – beschwert sich in sein Phone

vor dem Bioladen kniet sie devot – will kein Brot,
nur Münzen für den Chef
ihr Magen knurrt, die Hände rot – die Jacke dünn,
ihre Hose zerschlissen
plötzlich ein lauter Schlag – ihr Kopf knallt ans
Fenster, ist sie jetzt tot?

zwei Mädchen stolpern – schlaff baumeln
die Beine am Plakat
super Angebote – sogar Bioobst, und – alte, neue
Fahrräder sicher geklaut
leise rieselt Schnee – bescheißt Hundehaufen –
deckt sie und die Schnäppchen zu

Schatten

grauer Sand
am Tempelhofer Feld
Äste spielen

Schatten auf der Bank
stöhnt ein Mann
sein Riesenschnauzer führt sich Gassi

er öffnet einen Pikkollo
aus der Nase hängt ein Schlauch
Sauerstoff am Rücken

auf dem Laufrad versucht
ein Junge in der Spur zu bleiben
der Schnauzer bellt

der Kleine kippt
Staub wirbelt, er schreit
seine Mutter rennt

Herrchen trinkt

nach Schlaganfall
wird er künstlich ernährt
Zigarette schmeckt

striktes Rauchverbot
ein Patient im Flügelhemd
steht am Bordstein
hält den Urinbeutel fest
und die Zigarette

Samstagabend
in der U-Bahn suchen sie
Halt an Weinflaschen

Hasenheide in Berlin

Hasen jagen Hunde
Flaschen sammeln Herrchen
Gras findet Abnehmer
Telefone tuscheln
warnen die Verkäufer

Gebetsketten und Zigarren
gleiten durch faltige Hände
die Polizei fährt Streife
durch den Park
sucht den Ausgang

Helga Schulz Blank wurde 1948 in Innsbruck geboren, wuchs jedoch in Berlin auf. Sie studierte dort Sozialpädagogik und arbeitete anschließend im Jugendamt Wedding mit Familien und Kindern.

1979 zog sie mit ihrem Ehemann nach Venezuela, wohin er beruflich versetzt wurde.

1981 ging es weiter nach Argentinien, wo Monica und Sabine zur Welt kamen. Dann 1986 nach Mexiko – dort wurde die dritte Tochter Christine geboren. Nach einem kurzen Abstecher nach Brasilien ging es wieder zurück nach Mexiko.

1994 wurden sie in die Heimat des Arbeitgebers – Esslingen am Neckar bzw. Stuttgart – gerufen, wo sie heute noch leben. Frau Schulz Blank arbeitete viel im Ehrenamt und begann nach dem Tod ihrer Mutter mit dem Schreiben.

Ihre Arbeiten wurden veröffentlicht bei der „Deutschen Haiku-Gesellschaft e. V.", auf „Haiku-heute.de", in „Poesiealbum neu", „DAS GEDICHT" und in den Anthologien zum „Esslinger Lyrikpreis".